BÉBÉCÉDAIRE

Première édition dans la collection *lutin poche* : octobre 2001
© 1997, l'école des loisirs, Paris
Loi numéro 49 956 du 16 juillet 1949 sur les publications
destinées à la jeunesse : mars 1997
Dépôt légal : octobre 2001
Imprimé en France par Pollina à Luçon - n° L84770

Bénédicte Guettier

BÉBÉCÉDAIRE

lutin poche de l'école des loisirs
11, rue de Sèvres, Paris 6ᵉ

BÉ BÉ

BoBo

BONBON

CoinCoin

DADA

DODO

FouFou

joujoux

MAMAN

NouNou

PAPA

POPO

POM POM

TÉTÉE

TouTou